Rezept- und Bilderbuch

Bilder und Rezepte von
Kurt Imfeld

Landenberg Verlag
Landenberg Druckerei AG, Sarnen

KURT IMFELD

REZEPT- UND BILDERBUCH

LANDENBERG VERLAG

Impressum

Fotografien und Rezepte
Kurt Imfeld, Lungern

Satz und grafische Gestaltung
Fotosatz Caravina AG, 6010 Kriens

Lithos
ScanArt, 6010 Kriens

Druck
Landenberg Druckerei AG, 6060 Sarnen

Einband
Buchbinderei Schumacher AG
Schmitten und Bern

ISBN 3/9520143-1-1

Printed in Switzerland

Inhaltsverzeichnis

Vorwort

Kochkunst auf dem Hasliberg

Herzlichen Glückwunsch Kurt!

Die Brücke ist geschlagen. In faszinierender Art und Weise ist es Dir gelungen, ein Kochbuch so zu gestalten, dass wir miterleben können, wie das unverfälschte Naturprodukt durch unsere so geliebte Küche zur perfekten Speise wird.
Die Harmonie zwischen Bild, Farbe und Rezept steht so grossartig im Einklang mit der Bergwelt, dass nicht nur der Gast, sondern auch wir Berufskollegen gefesselt sind von der einfachen aber äusserst kreativen Art der Rezepte. Eine Gestaltung, welche viel Freude an unserem Beruf beweist, eine Freude aber auch, die sich kulinarisch in einer tollen Form übertragen lässt.
Herzlichen Glückwunsch auch Ihnen, die Sie im Besitze dieses Bijou sind. Haben Sie den Mut und lassen Sie sich animieren, die Gerichte nachzuvollziehen. Der Erfolg ist Ihnen gewiss.
Kurt, ich wünsche Dir in der naturverbundenen Bergwelt noch viele schmackhafte Einfälle und gratuliere Dir zu diesem fachmännisch gelungenen Werk.

Christian Burri
Eidgenössisch diplomierter Küchenchef und Fachlehrer
Stein-Bad Säckingen

Herzlichen Dank

Für die grosszügige Unterstützung
gebührt besonderen Dank:

Der Schweizerischen Nationalbank.
Dem SV-Service.
Allen Freunden und Bekannten,
die mir Mut gemacht haben,
meine Rezeptideen in Bild und Text
zu veröffentlichen.

VORSPEISEN

THONMOUSSE AUF TOAST MIT BUNTEM BLATTSALAT GARNIERT

Zutaten für 4 Portionen:

Thon (Thunfisch) mit dem Öl	100 g
Mayonnaise	40 g
Französische Salatsauce	40 g
Bouillon	1/4 dl
Gelatine	1 Blatt
Rahm	1 dl
Senf	
Salz und Pfeffer	
Sherry-Essig	
Worcestershire-Sauce	
Toastbrotscheiben	4 Stk
Sardellenfilets	4 Stk
Blattsalat nach Belieben	
Meerrettichsalatsauce (siehe S. 67)	

Thon, Mayonnaise und Salatsauce in den Mixer geben. Die Gelatine im kalten Wasser einweichen, gut auspressen und in der warmen Bouillon auflösen. Gewürze sowie die Bouillon ebenfalls in den Mixer geben und zu einer feinen Masse verarbeiten.

Diese Masse durch ein Sieb treiben und kühl stellen bis sie anzieht. Den geschlagenen Rahm unter die Thonmasse ziehen, evtl. etwas nachwürzen. Das Thonmousse im Kühlschrank mindestens 3-4 Std. erkalten lassen.

Vor dem Servieren mit einem Eisportionierer Kugeln formen und auf die Toastbrotscheiben dressieren. Das Mousse mit den Sardellenfilets belegen. Teller mit Blattsalat ausgarnieren und etwas Meerrettichsalatsauce darübergeben.

FRISCHLACHSTATAR MIT BLATTSALAT GARNIERT

Zutaten für 4 Portionen:

Salmfilet ohne Gräte	180 g
Essiggurken	50 g
Zwiebeln (fein geschnitten)	20 g
Saurer Halbrahm	25 g
Schnittlauch	
Salz	
Pfeffer	
Ketchup	
Worcestershire-Sauce	
Senf	
Sambal Olek	
Sherry-Essig	

Salat:
Verschiedene Blattsalate nach Belieben
Sonnenblumenöl
Sherry-Essig
Salz und Pfeffer

Den Salm von Hand mit einem scharfen Messer grob hacken. Die Gurken in kleine Würfel schneiden. Alle Zutaten in eine Schüssel geben und durcharbeiten; abschmecken. (Sämtliche Zutaten müssen beim Verarbeiten gut gekühlt sein.)

Salat

Den Blattsalat rüsten und waschen. Sherry-Essig und Sonnenblumenöl miteinander vermischen, Salz und Pfeffer dazugeben und abschmecken. Blattsalat auf Teller anrichten und mit zwei Suppenlöffeln das Frischlachstatar ebenfalls auf den Teller dressieren. Zuletzt die Salatsauce über den Blattsalat träufeln und servieren.
Der Fisch sollte fangfrisch sein! Es können auch andere Fische dazu verwendet werden, zum Beispiel: Forellen, Saiblinge oder Felchen.

BERGKÄSECARPACCIO

Zutaten für 4 Portionen:

Bergkäse	240 g
Tomaten	4 Stk
Oliven	8 Stk
Olivenöl	1 dl
Zitronensaft	
Pfeffer aus der Mühle	

Variante:

Bergkäse	240 g
Haselnüsse	80 g
Haselnussöl	1/2 dl
Zitronensaft	
Zitronenschale gerieben	
Pfeffer aus der Mühle	

Den Käse (ohne Rinde) ganz dünn aufschneiden. Mit einem Messer den Tomaten ein Kreuz einritzen und in kochendem Wasser fünf Sekunden blanchieren; sofort in Eiswasser abkühlen. Jetzt lässt sich die Haut gut abziehen. Die Tomaten halbieren und die Kerne mit einem Löffel herausnehmen. Das Fruchtfleisch in kleine Würfel schneiden. Käse auf Teller anrichten. Oliven, die man in Ringe geschnitten hat, und die Tomatenwürfel über den Käse verteilen. Olivenöl und etwas Zitronensaft darüberträufeln, mit Pfeffer aus der Mühle würzen.

Variante

Bergkäse ebenfalls dünn aufschneiden und auf Teller anrichten. Haselnüsse grob hacken, darüberstreuen und mit Haselnussöl, wenig Zitronensaft sowie Pfeffer aus der Mühle abschmecken.
Jeder Bergkäse ist verschieden. Manche mögen ihn ganz jung, andere lieber etwas würzig und rezent. Als Vorspeise würde ich einen jungen, milden Bergkäse empfehlen; zur späten Abendstunde vielleicht einen zweijährigen Hobelkäse und ein Glas Rotwein dazu.

WARM GERÄUCHERTES FORELLENFILET AN WEISSWEINSAUCE SAFRANKARTOFFELN

Die Forellenfilets mit Salz, Pfeffer, Zitronensaft und Worcestershire-Sauce würzen. Mit der Haut nach oben auf ein Gitterrost legen. Eine grosse Gusseisenbratpfanne oder ähnliches mit etwas Räuchermehl bestäuben, dann das Metallgitter mit den Fischfilets darauflegen; mit Alufolie abdecken.
Die Bratpfanne auf den Herd stellen und langsam erhitzen bis sich Rauch entwickelt, dann auf die Seite ziehen und stehen lassen. Nach ca. 10 Min. die Folie entfernen und prüfen, ob die Forellenfilets genügend geräuchert und durchgegart sind. Wenn nicht, noch einmal decken und auf den Herd stellen.

Sauce

Schalotten fein hacken und in Butter glasig dünsten. Mit Weisswein ablöschen und aufkochen. Ich bevorzuge dafür einen Riesling x Silvaner, den ich auch zu diesem Fischgericht serviere. Wenn der Wein zur Hälfte eingekocht ist, Fischfond und Saucenrahm dazugeben; abermals aufkochen. Mit Salz, Pfeffer und Zitronensaft abschmecken. Kurz vor dem Servieren den geschlagenen Rahm darunterziehen.

Safrankartoffeln

Kartoffeln schälen und in Stücke schneiden oder mit einem Ausstechlöffel Kugeln ausstechen. Salzwasser aufkochen und mit Safran würzen. Kartoffeln beigeben und weichkochen. Die Safrankartoffeln aus dem Wasser nehmen und in Butter schwenken.

Zutaten für 4 Portionen:

Forellenfilets	4 Stk
Salz und Pfeffer	
Zitronensaft	
Worcestershire-Sauce	
Räuchermehl	

Weissweinsauce:

Schalotten	20 g
Butter	20 g
Weisswein (Riesling x Silvaner)	1 dl
Fischfond	1 dl
Saucenrahm (oder Doppelrahm)	1,5 dl
Rahm geschlagen	1/2 dl
Salz und Pfeffer	
Zitronensaft	

Safrankartoffeln:

Kartoffeln	4 Stk
Safran	
Salz	
Butter	10 g

WARME GEMÜSETERRINE MIT GEBRATENEN RIESENCREVETTEN

Zutaten für 8 Portionen:

Blumenkohl	200 g
Zucchetti	200 g
Karotten	200 g
Broccoli	200 g
Bohnen	200 g
Krautstielblätter (Mangold)	6 Stk
Butter	
Milch	2 dl
Eigelb	4 Stk
Eier	4 Stk
Salz und Pfeffer	
Streuwürze	
Riesencrevetten (Garnelen)	16 Stk
Salz und Pfeffer	
Zitronensaft	
Öl	
Sauce Hollandaise oder Tomatensauce	4 dl

Blumenkohl, Zucchetti, Karotten, Broccoli und die Bohnen rüsten, waschen und in kleine Stücke schneiden. Jedes Gemüse für sich in Salzwasser gut vorgaren und in Eiswasser abkühlen. Krautstielblätter ebenfalls in Salzwasser blanchieren. Mit den abgekühlten Krautstielblättern die gebutterte Terrinenform auslegen. Die Blätter müssen am Rand überlappen. Das Gemüse mischen und in die Form geben.

Eier und Eigelb verquirlen. Milch aufkochen, würzen und zu den Eiern giessen; gut verrühren. Diese Masse abschmecken und die Terrinenform damit auffüllen. Die überlappenden Krautstielblätter über das Gemüse legen. Die Terrine ins Wasserbad stellen und im Ofen bei 140–150°C ca. 1 Std. pochieren. Die Gemüseterrine warm stürzen, schneiden und anrichten.

RIESENCREVETTEN

Riesencrevetten mit Salz, Pfeffer und Zitronensaft würzen, etwas ölen und braten. Dazu eine Sauce Hollandaise oder etwas Tomatensauce reichen.

SUPPEN

REHBOUILLON MIT TOMATENWÜRFELN UND COGNAC UNTER BLÄTTERTEIGHAUBE

Zutaten für 4 Portionen:

Rehknochen	400 g
Karotten, gerüstet	50 g
Knollensellerie, gerüstet	50 g
Lauch, gerüstet	50 g
Zwiebeln, gerüstet	50 g
Knoblauch	3 Zehen
Salz	10 g
Lorbeer	1 Blatt
Nelken	2 Stk
Pfefferkörner	4 Stk
Bouillonpaste (wenig)	
Tomate	1 Stk
Cognac	
Blätterteig	200 g
Eigelb	1 Stk

Rehknochen zweimal nacheinander in kaltem Wasser ansetzen und aufkochen lassen. Danach erneut abschütten und gut wässern. Die Knochen zurück in den Topf geben. Das gerüstete und in kleine Stücke geschnittene Gemüse sowie Salz und die Gewürze hinzufügen. 2,5 l kaltes Wasser dazugiessen und ca. 2–3 Stunden langsam sieden lassen. Zwischendurch abschäumen und abfetten. Die Brühe durch ein feines Sieb oder Tuch passieren, mit Cognac abschmecken und erkalten lassen. In Tassen abfüllen.

Tomatenwürfel, wie im Rezept «Bergkäsecarpaccio» herstellen und in die Tassen verteilen. Den Tassenrand mit Eigelb bestreichen und mit 3 mm dicken Blätterteigscheiben belegen. Sie müssen den Tassenrand um 5 mm überragen, damit sie an den Seiten gut angedrückt werden können. Den Blätterteig kalt verarbeiten, da er sonst in der Tassenmitte durchhängt. Blätterteig mit Eigelb bestreichen und beliebig verzieren; kühl stellen. Die Tassen auf ein Backblech und in den vorgeheizten Ofen stellen. Bei 200°C während 15 Min. backen. Suppe sofort servieren!

FELDSALATCRÈMESUPPE

Zutaten für 4 Portionen:

Gemüsebouillon	5 dl
Milch	3 dl
Mehl	25 g
Feldsalat (Nüsslisalat)	80 g
Rahm	1,5 dl
Salz	
Pfeffer aus der Mühle	

Gemüsebouillon aufkochen. Mehl zur kalten Milch geben, gut verquirlen und unter stetem Rühren in die heisse Bouillon giessen. Die Suppe 10 Min. langsam sieden lassen. Feldsalat rüsten, waschen und in die Suppe geben. Diese aufkochen und 2–3 Min. ziehen lassen. Anschliessend mit dem Mixer pürrieren und durch ein feines Sieb oder Tuch passieren. Die Suppe zurück auf den Herd stellen, Rahm beifügen, aufkochen und mit Salz und Pfeffer abschmecken.

ROTKRAUTSUPPE MIT ZIMT

Zutaten für 4 Portionen:

Rotkraut	200 g
Zwiebeln	50 g
Fettstoff	20 g
Himbeeressig	1 TL
Zimtstange	1/2 Stk
Lorbeerblatt	1 Stk
Gemüsebouillon	8 dl
Saucenrahm	
(oder Doppelrahm)	1,5 dl
Wasser	1 dl
Mehl	
(oder weisse Mehlschwitze)	20 g
Salz	
Pfeffer aus der Mühle	
Rahm geschlagen	1 dl

Rotkraut und Zwiebeln fein schneiden und im Fettstoff anziehen. Himbeeressig und Gewürze beifügen. Mit 3 dl Gemüsebouillon ablöschen und ca. 30 Min. langsam dünsten. Zimtstange und Lorbeerblatt herausnehmen, die restliche Gemüsebouillon dazugiessen und aufkochen. Mit dem Mixer pürrieren und durch ein feines Sieb oder Tuch passieren. Saucenrahm mit Wasser und Mehl gut mischen und unter stetem Rühren zur Suppe geben. Die Rotkrautsuppe noch ca. 10 Min. langsam sieden lassen, abermals mixen und mit Salz und Pfeffer abschmecken.
Vor dem Servieren eine Rahmrosette auf die heisse Suppe dressieren und mit Zimtpulver bestreuen.

HAUPTGERICHTE

RÜCKENFILET VOM SOMMERBOCK AUF HOLUNDERBLÜTENSAUCE GEBRATENE GRIESSSCHNITTE BLATTSPINAT

Die Rückenfilets mit Salz und Pfeffer würzen und in heisser Bratbutter auf beiden Seiten anbraten. Anschliessend aus der Pfanne nehmen und warm stellen. Die Butter abgiessen und mit brauner Sauce ablöschen. Sirup und Essig dazugeben, aufkochen, abschmecken und absieben. Das Fleisch aufschneiden und auf die Sauce dressieren. Holunderblüten als Garnitur darüberstreuen.

Holunderblütensirup

Zuckerwasser mit Zitronensaft aufkochen, frisch gepflückte Holunderblüten (schwarzer Holunder) dazugeben und einige Stunden ziehen lassen; absieben.

Holunderblütenessig

Frisch gepflückte Holunderblüten in Weissweinessig einlegen und einige Tage bei Zimmertemperatur ziehen lassen; absieben.

Griessschnitten

Milch, Butter und Gewürze aufkochen, Griess regenartig dazugeben. Unter stetem Rühren aufkochen, dann zugedeckt ca. 10 Min. ziehen lassen. Geriebenen Käse und Eigelb dazugeben, gut mischen, abschmecken und auf ein mit Klarsichtfolie ausgelegtes Backblech streichen (ca. 1 cm dick); kühl stellen. Die kalte Masse stürzen und beliebig ausstechen. Griessschnitten in Mehl wenden und in Butter braten.

Blattspinat

Blattspinat rüsten und waschen. Butter erhitzen, feingehackte Zwiebeln und Knoblauch darin anziehen. Den Blattspinat dazugeben und mitdünsten. Mit Bouillon ablöschen und kurz garen, mit Salz und Pfeffer abschmecken.

Zutaten für 4 Portionen:

Rückenfilet vom Sommerbock	4 Stk à 120 g
Bratbutter	20 g
Salz und Pfeffer	
Sauce:	
Braune Sauce	2 dl
Holunderblütensirup	1 EL
Holunderblütenessig	1 TL
Frische Holunderblüten als Garnitur	
Griessschnitten:	
Milch	5 dl
Butter	20 g
Hartweizengriess	110 g
Eigelb	1 Stk
Käse gerieben	20 g
Salz und Pfeffer	
Bouillonkonzentrat	
Butter	20 g
Blattspinat:	
Blattspinat	320 g
Zwiebeln	20 g
Knoblauch	1 Zehe
Butter	20 g
Gemüsebouillon	1/2 dl
Salz und Pfeffer	

KANINCHENRÜCKEN GEBRATEN RAHMSAUCE MIT ROHSCHINKEN UND SALBEI POLENTA MIT FRISCHKÄSE

Zutaten für 4 Portionen:

Kaninchenrücken	4 Stk
(oder 8 Kaninchenrückenfilets)	
Salz	
Pfeffer aus der Mühle	
Paprika	
Fettstoff	
Cognac	1 EL
Bratensauce	2 dl
Salbeiblätter	8 Stk
Rohschinken	30 g
Rahm	1,5 dl
Salz	
Pfeffer aus der Mühle	
Evtl. etwas Mehlschwitze zum Abbinden	

Zwiebeln fein gehackt	30 g
Knoblauch fein gehackt	2 Zehen
Butter	20 g
Rindsbouillon	2,5 dl
Milch	2,5 dl
Lorbeerblatt	1/2 Stk
Nelken	1 Stk
Salz	1/2 TL
Maisgriess (mittelfein)	120 g
Doppelrahmfrischkäse	100 g

Kaninchenrücken ausbeinen und sauber dressieren. Anschliessend in 4–5 Stücke schneiden und würzen. Fettstoff erhitzen und die Fleischstücke kurz darin wenden. (Vorsicht! Das Fleisch nicht zu lange braten, da es sonst trocken und zäh wird.) Kaninchenfilets aus der Pfanne nehmen, in einem Sieb abtropfen lassen und warm stellen.
Fettstoff abschütten und mit Cognac ablöschen. Bratensauce dazugeben; aufkochen. Rahm zufügen, evtl. mit Mehlschwitze abbinden. Salbei und Rohschinken in Streifen schneiden und zur Sauce geben. Kurz aufkochen, mit Salz und Pfeffer abschmecken.

POLENTA

Zwiebeln und Knoblauch in Butter dämpfen, mit Bouillon ablöschen. Milch und Gewürze dazugeben und zum Siedepunkt bringen. Mais regenartig und unter stetem Rühren dazugeben. Abermals aufkochen und auf kleinem Feuer 20 Min. ziehen lassen. Lorbeerblatt und Nelke herausnehmen. Vor dem Servieren Frischkäse dazugeben und beliebig abschmecken.
Polenta mit einem Eisportionierer auf die warmen Teller dressieren. Die Fleischstücke zur Sauce geben und ebenfalls anrichten.

RINDSFILET IM RÖSTIMANTEL
HABICHTPILZSAUCE
RÜEBLI UND ZUCCHETTI

Rindsfilet würzen und in heissem Fettstoff scharf anbraten, aus der Pfanne nehmen und beiseite stellen. Kartoffeln schälen und 500 g davon mit einer Gemüseschneidemaschine in feine Streifen schneiden. Mit Salz und Pfeffer würzen und sofort in einer grossen Pfanne dünn auslegen; beidseitig goldgelb braten.
Das Rindsfilet mit der Rösti einpacken und im Ofen bei einer Temperatur von 180°C braten. Nach ca. 20 Min. aus dem Ofen nehmen, mit Alufolie abdecken und 10–15 Min. stehen lassen. Die restlichen Kartoffeln ebenfalls in feine Streifen schneiden, würzen und in einer kleinen Bratpfanne zu einer goldgelben Rösti braten. Vor dem Servieren in gleichgrosse Stücke schneiden.

Sauce

Weisswein und Bratensauce aufkochen, Habichtpilzpulver dazugeben und ein paar Minuten leise sieden lassen. Rahm beifügen, mit Salz und Pfeffer abschmecken.

Gemüse

Zucchetti waschen und tournieren oder in Stücke schneiden. Kurz in kochendem Wasser blanchieren, in Eiswasser abkühlen und gut abtropfen lassen. Butter erhitzen, Zwiebeln und Knoblauch darin anziehen, Zucchetti beifügen, würzen und kurz braten.
Karotten schälen und in kochendem Wasser 2–3 Min. sieden, in Eiswasser abkühlen und abtropfen lassen. Butter mit wenig Zucker erhitzen. Die Karotten dazugeben und mit 2 Esslöffel Wasser ablöschen. Kurz dämpfen und mit Salz abschmecken.

Zutaten für 4 Portionen:

Rindsfilet am Stück	600 g
Salz	
Pfeffer aus der Mühle	
Fettstoff	
Kartoffeln	1,3 kg
Salz	
Pfeffer aus der Mühle	
Fettstoff	
Bratensauce	2 dl
Weisswein	1/2 dl
Habichtpulver (junger Habichtpilz getrocknet und pulverisiert)	1 TL
Rahm	1 dl
Salz und Pfeffer	
Zucchetti	500 g
Schalotten fein gehackt	50 g
Knoblauch fein gehackt	2 Zehen
Butter	20 g
Junge Karotten	8 Stk
Butter	10 g
Salz	
Zucker	

GEBRATENE ENTENFILETS AN ORANGEN-PFEFFERSAUCE HASELNUSSSPÄTZLI

Zutaten für 4 Portionen:

Entenfilets	600 g
Salz und Pfeffer	
Fettstoff	

Sauce:

Butter	20 g
Zucker	20 g
Orangensaft	1,5 dl
Braune Sauce	1,5 dl
Saucenrahm (oder Doppelrahm)	1 dl
Pfeffer gebrochen	
Salz	
Orangenfilets von 2 Orangen	
Rahm geschlagen	0,5 dl

Haselnussspätzli:

Mehl	250 g
Eier	3 Stk
Milch	1,5 dl
Öl	1 EL
Haselnüsse gerieben	40 g
Salz	
Pfeffer	
Paprika	
Butter	20 g

Entenfilets in 2 gleichgrosse Stücke schneiden, mit Salz und Pfeffer würzen und in heissem Fettstoff kurz anbraten. Das Fleisch abtropfen lassen und warm stellen. In einer Pfanne die Butter zergehen lassen, den Zucker beifügen und hellbraun caramelisieren. Mit Orangensaft ablöschen, Bratensauce und etwas gebrochenen Pfeffer dazugeben und zur Hälfte einkochen lassen. Den Saucenrahm beifügen und mit Salz abschmecken. Vor dem Servieren das Fleisch sowie die Orangenfilets beifügen, den geschlagenen Rahm darunterziehen und sofort anrichten.

Haselnussspätzli

Mehl, Eier, Milch, Öl, Haselnüsse sowie etwas Salz miteinander verrühren bis der Teig Blasen wirft. Teig mindestens 1/2 Std. ruhen lassen, nochmals kurz schlagen und durch das Spätzlisieb ins kochende Salzwasser treiben. Nur kurz überwallen lassen, sofort in kaltem Wasser abkühlen. Spätzli in Butter braten und mit Salz, Pfeffer und wenig Paprika würzen.

POCHIERTES SEETEUFEL-MÉDAILLON AUF ROSENBLÄTTERN MIT SAFRANSAUCE SCHNITTLAUCHKARTOFFELN

Zutaten für 4 Portionen:

Seeteufelmédaillons à 60 g	8 Stk
Zitronensaft	
Salz	
Mohnsamen	
Pfeffer aus der Mühle	
Weisswein	2 dl
Zwiebeln fein gehackt	20 g
Safran	1 MS
Saucenrahm (oder Doppelrahm)	1 dl
Rahm geschlagen	1/2 dl
Kartoffeln mittelgross	6 Stk
Salz	
Butter	
Schnittlauch	

Rosenblätter als Garnitur (von wilden oder ungespritzten Rosen)

Seeteufelmédaillons mit Salz, Pfeffer und Zitronensaft marinieren. In Weisswein knapp unter dem Siedepunkt pochieren. Fisch aus dem Sud nehmen und warm stellen. Zwiebeln in den Sud geben und langsam reduzieren. Safran beifügen und mit Saucenrahm abbinden. Kurz vor dem Servieren den geschlagenen Rahm darunterziehen und abschmecken.

Kartoffeln

Kartoffeln tournieren (oder schälen und in gleichgrosse Stücke schneiden), in Salzwasser kochen und anschliessend in heisser Butter wenden. Mit Salz und Pfeffer abschmecken. Fein geschnittenen Schnittlauch darüberstreuen.

SÜSSSPEISEN

LIMONENEISPARFAIT MIT FRISCHEN WALDBEEREN

Zutaten für 8 Portionen:

Limonensaft	1/2 dl
Limonenschale (fein gerieben)	1 Stk
Eigelb	2 Stk
Eiweiss	2 Stk
Eier	1 Stk
Zucker	100 g
Rahm	2 dl
Rahm	2 dl
Waldbeeren nach Belieben	

Eigelb, Eier und Zucker schaumig rühren. Rahm schlagen. Eiweiss schlagen. Zuerst die Eiermasse mit dem Rahm mischen. Das Eiweiss mit der geriebenen Limonenschale und dem Saft vorsichtig darunterziehen. In Cake- oder Terrinenform abfüllen und mindestens 4–5 Std. im Tiefkühlfach gefrieren.

Vor dem Servieren kurz unter heisses Wasser halten, damit sich das Parfait von der Form löst. Waldbeeren waschen, den Rahm schlagen und als Garnitur verwenden.

GEFÜLLTE BIRNE IM BLÄTTERTEIGMANTEL AUF VANILLESPIEGEL

Birnen schälen und mit Zitronensaft einreiben. Den Boden der Birne so abschneiden, dass sie gut steht. Mit einem Ausstechlöffel das Kerngehäuse von unten her ausstechen. Weisswein, Zucker und Wasser mit der Zimtstange und dem Vanillestengel aufkochen. Die Birnen und den restlichen Zitronensaft in den Sirup geben und vorsichtig kochen. Birnen aus dem Sud nehmen und kalt stellen, mit je einer Mandel und etwas Marzipan füllen.
Blätterteig 2 mm dick auswallen und gut doppelt so grosse Stücke ausstechen, wie die Birne dick ist. Die gefüllte Birne nun in die Mitte des Blätterteigs stellen und auf allen Seiten den Teig hochziehen. Die Metzgerschnur ca. 5 mm unter dem oberen Blätterteigrand um die Birne binden. Den Teigrand über die Schnur drücken und mit Eigelb bestreichen.
Die Birnen im Ofen bei einer Temperatur von 200°C während 12 Min. backen. Anschliessend aus dem Ofen nehmen und noch ca. 5 Min. stehen lassen, dann mit einer Schere die Schnur durchschneiden und vorsichtig lösen.

Vanillesauce

Milch mit Vanillestengel aufkochen. Eigelb mit Zucker verrühren und die Vanillemilch zur Eiermasse giessen; zurück in die Pfanne geben und mit einer Holzkelle unter stetem Rühren zur «Rose» kochen. (Nicht aufkochen, da sonst das Eigelb gerinnt.) Vanillesauce kalt oder warm zur Birne reichen.

Zutaten für 4 Portionen:

		Blätterteig	200 g
Williamsbirnen	4 Stk	Eigelb	1 Stk
Zitrone	1/2 Stk	etwas Metzgerschnur	
Weisswein	1 dl		
Wasser	3 dl	Milch	2 dl
Zucker	100 g	Eigelb	4 Stk
Zimtstange	1 Stk	Zucker	40 g
Vanillestengel	1 Stk	Vanillestengel	1/2 Stk
Backmarzipan	80 g		
Mandeln ganz	4 Stk		

PASSIONSFRUCHTSORBET MIT CHAMPAGNER

Zutaten für 4 Portionen:

Passionsfrüchte	8 Stk
Orangensaft	1,5 dl
Wasser	1 dl
Zucker	100 g
Zitronensaft	2 EL
Champagner	

Passionsfrüchte halbieren und mit einem Löffel das Fruchtfleisch und die Kerne herausnehmen. Wasser und Zucker aufkochen. Den Orangensaft und das Passionsfruchtfleisch dazugeben; erkalten lassen. Diesen Fruchtsirup in der Eismaschine gefrieren und mit dem Spritzsack in 4 Champagnergläser spritzen. Sofort servieren oder für kurze Zeit ins Eisfach stellen. Am Tisch etwas Champagner darübergiessen.

HALBGEFRORENES AUS LÖWENZAHNBLÜTENHONIG MIT MARINIERTEN ERDBEEREN

Zutaten für 8 Portionen:

Löwenzahnblütenhonig	150 g
Eier	2 Stk
Eigelb	3 Stk
Vanillezucker	1 MS
Orangenlikör	2 EL
Orangenlikör	3 EL
Rahm	2,5 dl
Erdbeeren	600 g
Zucker	1 EL
Pfeffer aus der Mühle	
Rahm zum Garnieren	2 dl
Zitronenmelisse	

Honig von Löwenzahnblüten, Eier, Eigelb, Vanillezucker und 2 Esslöffel Orangenlikör in eine Chromstahlschüssel geben und im heissen Wasserbad, mit einem Schneebesen, warm schlagen. Aus dem Wasserbad nehmen und tüchtig weiterschlagen, bis die Masse kalt ist. 3 Esslöffel Orangenlikör beifügen und den geschlagenen Rahm vorsichtig darunterziehen. Diese Masse in Cake- oder Terrinenform abfüllen und mindestens 6–8 Std. im Tiefkühlfach gefrieren.
Vor dem Servieren kurz unter heisses Wasser halten, damit sich das Parfait von der Form löst. Erdbeeren rüsten und waschen, mit Zucker bestreuen und 1 Std. ziehen lassen. Vor dem Anrichten mit etwas Pfeffer aus der Mühle würzen.

LÖWENZAHNBLÜTENHONIG

Löwenzahnblüten in Zuckersirup honigartig einkochen und ein paar Stunden ziehen lassen. Abermals erwärmen und durch ein feines Sieb passieren. Man kann 20% des Kristallzuckers durch Glukosezucker (in Konditoreien erhältlich) ersetzen, damit der Löwenzahnblütenhonig nicht auskristallisiert.

MOUSSE AU CHOCOLAT

Zutaten für 6 Portionen:

Couverture Vanille (dunkel)	200 g
Eigelb	4 Stk
Espresso	2 EL
Kirschwasser	1 TL
Rahm	1,5 dl
Eiweiss	4 Stk
Rahm zum Garnieren	1,5 dl

Couverture im heissen Wasserbad schmelzen. Eigelb dazugeben und mit der Schokolade mischen. Kirsch und Espresso ebenfalls beifügen und verrühren. Rahm und Eiweiss steif schlagen. Zuerst den Rahm, dann das Eiweiss sorgfältig unter die Masse ziehen.

Mousse au chocolat in Gläser abfüllen oder in eine Schüssel geben und 6–7 Std. im Kühlschrank stehen lassen. Gläser mit einem Rahmtupfer verschönern, oder mit einem Eisportionierer, den man zuerst in heisses Wasser taucht, Kugeln formen und auf Teller anrichten. Ebenfalls mit Schlagrahm verzieren.

FRISCHER FRUCHTSALAT MIT LAVENDEL PARFÜMIERT SAUERRAHMGLACE

Zutaten für 6 Portionen:

Saisonfrüchte nach Belieben	
Zucker	40 g
Frische Lavendelblüten (oder Lavendelzucker)	2–3 Stk
Wasser	2 dl
Zitronensaft	1 EL
Saurer Halbrahm	500 g
Rahm	1/2 dl
Zucker	150 g
Zitrone (Saft und Schale gerieben)	1 Stk

asser mit Zucker und Lavendelblüten aufkochen und 5 Min. ziehen lassen. Danach absieben, erkalten lassen und mit Zitronensaft abschmecken. Die Früchte waschen und in kleine Stücke schneiden; mindestens 2 Std. im Sirup marinieren.

Sauerrahmglace

Alle Zutaten miteinander vermischen und in der Eismaschine gefrieren. Sauerrahmglace nicht zu lange ins Eisfach stellen, sie wird bei zu tiefer Temperatur schnell hart. Die Früchte mit dem Sirup in Schalen oder auf Tellern anrichten. Je 1 Kugel Sauerrahmglace darauf geben und sofort servieren.

Lavendelzucker

Wenn man frische Lavendelblüten in Zucker einlegt, kann man diesen Lavendelzucker das ganze Jahr über gebrauchen. Vorsicht beim Dosieren!

RHABARBERGRATIN MIT VANILLEEIS

Zutaten für 4 Portionen:

Rhabarber	400 g
Zucker	50 g
Vanillezucker	1 Prise
Weisswein	1/4 dl
Zucker	60 g
Eigelb	4 Stk
Grand Marnier	1/2 dl
Zitronenschale gerieben	1/2 Stk
Rahm	1,5 dl
Vanilleeis	4 Kugeln

Rhabarber rüsten und in 1 cm lange Stücke schneiden; mit Zucker, Vanillezucker und Weisswein in eine Pfanne geben und nicht zu weich kochen. Abkühlen lassen und in Suppenteller verteilen.

GRATINMASSE

Zucker, Eigelb, Grand Marnier und die geriebene Zitronenschale in eine Chromstahlschüssel geben und im heissen Wasserbad warm schlagen. Aus dem Wasserbad nehmen und tüchtig weiterschlagen, bis die Masse kalt ist. Rahm steif schlagen und unter die Gratinmasse ziehen.

Kurz vor dem Servieren die Rhabarberstücke mit der Gratinmasse decken und im Ofen bei starker Oberhitze gratinieren. Eine Kugel Vanilleeis auf die gebräunte Masse dressieren und sofort servieren.

WHISKYPARFAIT MIT HONIG AUS TANNENSCHÖSSLINGEN

Zutaten für 8 Portionen:

Zucker	120 g
Eier	2 Stk
Eigelb	3 Stk
Whisky	2 EL
Whisky	4 EL
Rahm	2,5 dl
Rahm zum Garnieren	2 dl
Honig aus Tannenschösslingen nach Belieben	

Zucker, Eier, Eigelb und 2 Esslöffel Whisky in eine Chromstahlschüssel geben und im heissen Wasserbad warm schlagen. Aus dem Wasserbad nehmen und tüchtig weiterschlagen, bis die Masse kalt ist. 4 Esslöffel Whisky dazugeben. Den geschlagenen Rahm sorgfältig darunterziehen und in Cake- oder Terrinenform abfüllen. Mindestens 6–8 Std. im Tiefkühlfach gefrieren.
Vor dem Servieren kurz unter heisses Wasser halten, damit sich das Parfait von der Form löst. Parfait in Stücke schneiden, auf Teller anrichten und nach Belieben Honig aus Tannenschösslingen darüber geben. Mit Schlagrahm verzieren.

Honig aus Tannenschösslingen

Junge Tannenschösslinge in Zuckersirup honigartig einkochen und über Nacht abkühlen lassen. Am Morgen kurz erwärmen und durch ein feines Sieb passieren. Man kann 20% des Kristallzuckers durch Glukosezucker (in Konditoreien erhältlich) ersetzen, damit der Honig nicht auskristallisiert.
Fragen Sie den Förster, von welchen Tannen Sie die jungen Triebe abschneiden dürfen! Tannen sind vielerorts geschützt.

WARME «CHRIESISUPPE» MIT VANILLEEIS

Zutaten für 4 Portionen:

Kirschen (frisch oder tiefgekühlt)	400 g
Zucker	70 g
Rotwein	2 dl
Maizena	1/4 TL
Zimtstange	1/2 Stk
Lorbeerblatt	1/2 Stk
Zitronensaft	
Vanilleeis	4 Kugeln

Kirschen entstielen und waschen. Rotwein mit Zucker, Zimtstange und Lorbeerblatt etwas einkochen lassen. Kirschen dazugeben und ca. 10 Min. leise sieden. Lorbeerblatt und Zimtstange herausfischen. Maizena mit wenig Rotwein anrühren und zu den Kirschen geben, abermals aufkochen und mit Zitronensaft abschmecken. Die Rotweinkirschen etwas abkühlen lassen und in Suppenteller verteilen. Je eine Kugel Vanilleeis in die Mitte geben und sofort servieren.

BAUMNUSSEISPARFAIT MIT KROKANT

Zutaten für 8 Portionen:

Zucker	120 g
Eier	2 Stk
Eigelb	3 Stk
Williams	2 EL
Weisswein	1/4 dl
Vanillezucker	1 Prise
Baumnüsse (Wallnüsse) gehackt	50 g
Mandelkrokant	30 g
Rahm	3 dl
Rahm zum Garnieren	2 dl

Zucker, Vanillezucker, Eier, Eigelb, Weisswein und Williams in eine Chromstahlschüssel geben und im heissen Wasserbad warm schlagen. Aus dem Wasserbad nehmen und tüchtig weiterschlagen, bis die Masse kalt ist. Gehackte Baumnüsse und Mandelkrokant mit der Eiermasse sorgfältig mischen und zuletzt den geschlagenen Rahm darunterziehen.

Die Parfaitmasse sofort in Cake- oder Terrinenform abfüllen und im Tiefkühlfach mindestens 6–8 Std. gefrieren. Vor dem Servieren kurz unter heisses Wasser halten, damit sich das Parfait von der Form löst. Parfait in Stücke schneiden und anrichten. Mit Schlagrahm verzieren.

ZIMTEISPARFAIT MIT MARINIERTEN PFLAUMEN UND WEINBEEREN

Zutaten für 8 Portionen:	
Zucker	120 g
Eier	2 Stk
Eigelb	3 Stk
Brauner Rum	1/2 dl
Zimtpulver	1 TL
Rahm	3 dl
Rahm zum Garnieren	2 dl
Pflaumen gedörrt	24 Stk
Weinbeeren	200 g
Wasser	3 dl
Weisswein	2 dl
Zucker	100 g
Zimtstangen	2 Stk
Lorbeerblätter	2 Stk
Brauner Rum	1 dl

Zucker, Eier, Eigelb und Rum in eine Chromstahlschüssel geben und im heissen Wasserbad warm schlagen. Aus dem Wasser nehmen und Zimtpulver dazugeben. Tüchtig weiterschlagen, bis die Masse kalt ist. Den Rahm steif schlagen und unter die kalte Eier-Zimtmasse ziehen. In Cake- oder Terrinenform abfüllen und mindestens 6–8 Std. im Tiefkühlfach gefrieren. Vor dem Servieren kurz unter heisses Wasser halten, damit sich das Parfait von der Form löst.

Marinierte Pflaumen und Weinbeeren

Wasser, Weisswein, Zucker, Zimtstangen und Lorbeerblätter in eine Pfanne geben und 10 Min. langsam sieden. Pflaumen und Weinbeeren hinzugeben und abkühlen lassen. Rum beifügen und mindestens 24 Std. in den Kühlschrank stellen. Gelegentlich rühren, damit die Pflaumen und Weinbeeren gleichmässig marinieren.

GRUNDREZEPTE

FRANZÖSISCHE SALATSAUCE

Zutaten für ca. 1,5–2 l

Weissweinessig	2 dl
Helle Bouillon	2 dl
Mayonnaise (frisch oder gekauft)	250 g
Senf mild	70 g
Salz	1 TL
Streuwürze	3 TL
Pfeffer gemahlen	1 MS
Knoblauchpulver	
Zwiebelpulver	
Worcestershire-Sauce	
Sonnenblumenöl	7 dl
Rahm	2,5 dl

Alle Zutaten, ausser Öl und Rahm, in eine Schüssel geben. Mit einem Stabmixer oder im Mixbecher bei mittlerer Geschwindigkeit mixen und das Sonnenblumenöl langsam dazugiessen. Zuletzt den Rahm beifügen und ca. 2–3 Std. kühl stellen. Die Salatsauce aufrühren und durch ein feines Sieb passieren. Eventuell mit Milch oder Wasser zur gewünschten Konsistenz verdünnen und abschmecken.
Die Salatsauce lässt sich im Kühlschrank 2–3 Wochen aufbewahren. Wenn man frischen Knoblauch und frische Zwiebeln verwendet, muss die Salatsauce sofort konsumiert werden.

Meerrettichsalatsauce

Französische Salatsauce mit geriebenem Meerrettich vermischen und nach 4–5 Std. durch ein feines Tuch passieren; abschmecken.

Senfsauce

Französische Salatsauce mit grob gemahlenem Senf und wenig brauner Sauce mischen, abschmecken und zum Beispiel zu einem pochierten Lauchsalat servieren.

SALATSAUCE MIT HIMBEERESSIG

Zutaten

Himbeeressig	1 Teil
Sonnenblumenöl	3 Teile
Bouillon hell oder Wasser	
Salz	
Zucker	
Zitronensaft	
Pfeffer aus der Mühle	
Worcestershire-Sauce	

Himbeeressig, Sonnenblumenöl und wenig Bouillon oder Wasser in eine Schüssel geben, gut vermischen und würzen. Salatsauce 2–3 Std. in den Kühlschrank stellen, abermals aufrühren und abschmecken.

SALATSAUCE MIT VANILLEESSIG

Zutaten

Vanilleessig	1 Teil
Sonnenblumenöl	3 Teile
Vanillemark	
Bouillon hell oder Wasser	
Salz	
Zucker	
Pfeffer aus der Mühle	

Vanilleessig, Sonnenblumenöl, wenig Bouillon oder Wasser und Vanillemark in eine Schüssel geben und würzen. Salatsauce 2–3 Std. in den Kühlschrank stellen, abermals aufrühren und abschmecken.

VANILLEESSIG

Vanillestengel in Weissweinessig einlegen und mehrere Tage ziehen lassen.

VANILLEMARK

Vanillestengel der Länge nach aufschneiden und mit dem Messerrücken das Mark abstreifen.

Über den Autor

Mit seiner Frau Béatrice und seinen beiden Kindern Katja und Matthias wohnt Kurt Imfeld in einem alten Obwaldner Haus am Lungernsee.
Seine Kindheit verbrachte Kurt Imfeld, geboren am 18. April 1966 im Zeichen des Widders, in der Leuchtenstadt Luzern. Schon früh war er sich über die Berufswahl im Klaren und realisierte seinen Traum mit einer dreijährigen Ausbildung zum Koch im Restaurant Hecht in Rottenschwil. Berufliche Neugierde veranlasste ihn daraufhin, einen Blick hinter die Kulissen einer Metzgerei und einer Bäckerei zu werfen. Fachlich bestens gerüstet, folgte die erste Anstellung als Koch unter dem kreativen Patron des Jägerstüblis in Kallern, wo die besondere Art des Kochens und Anrichtens zelebriert wurde, was ihn schon damals zu seiner heutigen Kochkunst inspirierte und nachhaltig beeinflusste. Nach dem Besuch der Wirtefachschule und einem Abstecher an die Front als «Aide du Patron» im Restaurant Schützen in Aarau, kehrte er zu seiner ursprünglichen Berufung zurück. Als junger Küchenchef stellte er sich den vielseitigen Herausforderungen im Restaurant Trübli in Winterthur und im Restaurant Schäfli in Horben bei Frauenfeld.

Kurt Imfeld ist seit dem 1. Dezember 1991 auf dem Hasliberg Küchenchef des Hasli-Zentrums SNB (Ferien- und Ausbildungszentrum der Schweizerischen Nationalbank), das vom SV-Service geführt wird. Seine Küche zeichnet sich aus durch saisongerechte und exklusiv angerichtete Kreationen. Das Kaleidoskop seiner Hingabe wird bereichert durch einen eigenen Kräutergarten, die Aufzucht von Pilzen, die Hege und Pflege von Regenbogenforellen im Fischteich und nicht zuletzt durch die Schaffung des vorliegenden Rezept- und Bilderbuches.